AF332354

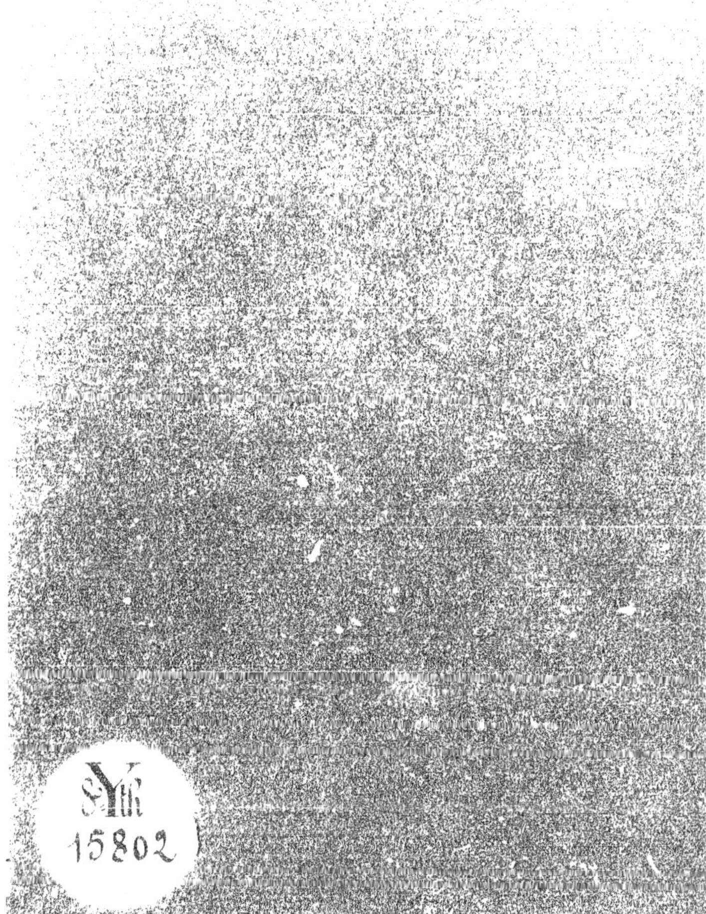
15802

Livret

DE

ROMÉO ET JULIETTE,

SYMPHONIE DRAMATIQUE

AVEC CHOEURS.

LIVRET

de Roméo et Juliette,

SYMPHONIE DRAMATIQUE

AVEC CHOEURS, SOLOS DE CHANT,

Et Prologue en récitatif harmonique,

DÉDIÉE

A Nicolo Paganini,

ET COMPOSÉE

D'APRÈS LA TRAGÉDIE DE SHAKESPEARE,

PAR

HECTOR BERLIOZ.

———————

Les paroles sont de M. Émile DESCHAMPS.

———————

PARIS,

Imprimerie de VINCHON, rue J.-J. Rousseau, 8.

—

1839.

On ne se méprendra pas sans doute sur le genre de cet ouvrage. Bien que les voix y soient souvent employées, ce n'est ni un opéra de concert, ni une cantate, mais une *Symphonie avec chœurs*.

Si le chant y figure, presque dès le début, c'est afin de préparer l'esprit de l'auditeur aux scènes dramatiques dont les sentimens et les passions doivent être exprimés *par l'orchestre*. C'est, en outre, pour introduire peu à peu dans le développement musical les masses chorales, dont l'apparition trop subite aurait pu nuire à l'unité de la composition.

Ainsi le premier *prologue*, où, à l'exemple des tragédies antiques et du drame de Shakespeare lui-même, le chœur expose l'action, n'est chanté que par quatorze voix. Plus loin se fait entendre (hors de la scène) le chœur des Capulets (hommes) seulement; puis, dans la cérémonie funèbre, les Capulets, hommes et femmes. Au début du Final figurent les *deux chœurs entiers* des Capulets et des Montagus et le Père Laurence; et à la fin, les trois chœurs réunis.

Cette dernière scène de la réconciliation des deux familles est seule du domaine de l'opéra ou de l'oratorio. Elle n'a jamais été, depuis le temps de Shakespeare, représentée sur aucun théâtre; mais elle est trop belle, trop musicale, et elle couronne trop bien un ouvrage de la nature de celui-ci pour que le compositeur pût songer à la traiter autrement.

Si, dans les scènes célèbres du jardin et du cimetière, le dialogue des deux amants, les *a parte* de Juliette, les élans passionnés de Roméo, ne sont pas *chantés*, si enfin les duos d'amour et de désespoir sont confiés à l'orchestre, les raisons en sont nombreuses et faciles à saisir :

C'est d'abord (et ce motif seul suffirait à la justification de l'auteur) parce qu'il s'agit d'une symphonie et non d'un opéra.

Ensuite les duos de cette nature ayant été traités mille fois *vocalement*, par les plus grands maîtres, il était prudent autant que curieux de tenter un autre mode d'expression. C'est aussi parce que la sublimité même de cet amour en rendait la peinture si dangereuse pour le musicien qu'il a dû donner à sa fantaisie une latitude que le sens positif des paroles chantées ne lui eût pas laissée, et recourir à la langue instrumentale, langue plus riche, plus variée, moins arrêtée et, par son vague même, incomparablement plus puissante en pareil cas.

Roméo et Juliette.

I.

INTRODUCTION INSTRUMENTALE.

(Combats. — Tumulte. — Intervention du Prince.)

PREMIER PROLOGUE. — PETIT CHŒUR.

Récitatif harmonique.

D'anciennes haines endormies
Ont surgi, comme de l'enfer ;
Capulets, Montagus, deux maisons ennemies,
Dans Vérone ont croisé le fer.
Pourtant, de ces sanglans désordres
Le prince a réprimé le cours,
En menaçant de mort ceux qui, malgré ses ordres,
Aux justices du glaive auraient encor recours.

Dans ces instans de calme une fête est donnée
   Par le vieux chef des Capulets.
Le jeune Roméo, plaignant sa destinée,
Vient tristement errer à l'entour du palais ;
Car il aime d'amour Juliette...... la fille
   Des ennemis de sa famille !...
Le bruit des instruments, les chants mélodieux
   Partent des salons où l'or brille,
Excitant et la danse et les éclats joyeux. —
Poussé par un désir que nul péril n'arrête,
Roméo, sous le masque, ose entrer dans la fête,
Parler à Juliette...... et voilà que du bal
Ils savourent tous deux l'enivrement fatal.
Tybalt, l'ardent neveu de Capulet, s'apprête
A frapper Roméo que tant d'amour trahit,
Quand le vieillard, touché de la grâce et de l'âge
Du jeune Montagu, s'oppose à cet outrage
Et désarme Tybalt, qui, farouche, obéit,
   Et sort, en frémissant de rage,
   Le front plus sombre que la nuit.

—

La fête est terminée, et quand tout bruit expire,
   Sous les arcades on entend
Les danseurs fatigués s'éloigner en chantant ;
   Hélas ! et Roméo soupire,
Car il a dû quitter Juliette ! — Soudain,
Pour respirer encor cet air qu'elle respire,
   Il franchit les murs du jardin.
Déjà sur son balcon la blanche Juliette
Paraît..... et, se croyant seule jusques au jour,
   Confie à la nuit son amour.
Roméo palpitant d'une joie inquiète
Se découvre, — et ses feux éclatent à leur tour.

AIR : — *Contralto Solo.*

1er **Couplet.**

Premiers transports que nul n'oublie !
Premiers aveux, premiers sermens
De deux amans
Sous les étoiles d'Italie ;
Dans cet air chaud et sans zéphirs,
Que l'oranger au loin parfume,
Où se consume
Le rossignol en longs soupirs !

Quel art, dans sa langue choisie,
Rendrait vos célestes appas ?
Premier amour ! n'êtes-vous pas
Plus haut que toute poésie ?

Ou ne seriez vous point, dans notre exil mortel,
Cette poésie elle-même,
Dont Shakespeare lui seul eut le secret suprême
Et qu'il remporta dans le ciel !

—

2me **Couplet.**

Heureux enfans aux cœurs de flamme !
Liés d'amour par le hasard
D'un seul regard ;
Vivant tous deux d'une seule ame !
Cachez-le bien sous l'ombre en fleurs,
Ce feu divin qui vous embrase ;
Si pure extase
Que ses paroles sont des pleurs !

Quel roi de vos chastes délires
Croirait égaler les transports !
Heureux enfans !.. et quels trésors
Pairaient un seul de vos sourires !

Ah ! savourez-la bien cette coupe de miel ,
Plus suave que les calices
Où les anges de Dieu , jaloux de vos délices ,
Puisent le bonheur dans le ciel !

REPRISE DU CHOEUR-PROLOGUE (après le 2ᵉ couplet) :

Bientôt de Roméo la pâle rêverie
Met tous ses amis en gaîté :
« Mon cher, dit l'élégant Mercutio, je parie
Que la reine Mab t'aura visité. »

Scherzino vocal.

TENOR SOLO ET PETIT CHOEUR :

Mab, la messagère
Fluette et légère !....
Elle a pour char une coque de noix
Que l'écureuil a façonnée ;
Les doigts de l'araignée
Ont filé ses harnois.
Durant les nuits, la fée, en ce mince équipage,
Galoppe follement dans le cerveau d'un page
Qui rêve espiègle tour
Ou molle sérénade
Au clair de lune sous la tour.
En poursuivant sa promenade

La petite reine s'abat
Sur le col bronzé d'un soldat....
Il rêve canonnades
Et vives estocades....
Le tambour!.... la trompette!..... il s'éveille, et d'abord
Jure, et prie en jurant toujours, puis se rendort
Et ronfle avec ses camarades. —
C'est Mab qui faisait tout ce bacchanal !
C'est elle encor qui, dans un rêve, habille
La jeune fille
Et la ramène au bal.
Mais le coq chante, le jour brille,
Mab fuit comme un éclair
Dans l'air.

—

REPRISE DU CHŒUR-PROLOGUE (*au public*) :

Tels sont d'abord, tels sont les tableaux et les scènes
Que devant vous, cherchant des routes incertaines,
L'orchestre va tenter de traduire en accords.
Puisse votre intérêt soutenir nos efforts!

FIN DU PREMIER PROLOGUE.

II.

Andante et Allegro.

Roméo seul. — Bruit lointain de Bal et de Concert. — Grande Fête
chez Capulet.

ORCHESTRE SEUL.

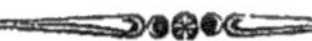

III.

Adagio.

Le jardin de Capulet, silencieux et désert.—Les jeunes Capulets, sortant de la fête, passent en chantant des réminiscences de la musique du bal.

CHOEUR ET ORCHESTRE.

Juliette sur le balcon et Roméo dans l'ombre. — Scène d'amour.

ORCHESTRE SEUL.

—

Chanson des jeunes Capulets chantée derrière la scène pendant l'adagio instrumental.

1er CHOEUR, A DROITE : **2me CHOEUR, A GAUCHE :**

Eh! Capulets, bon soir ! Cavaliers , au revoir !

LES DEUX CHOEURS :

Ah ! quelle nuit ! quel festin !
Bal divin !
Que de folles
Paroles !
Belles Véronaises ,
Sous les grands mélèzes,
Allez rêver de bal et d'amour
Jusqu'au jour.

IV.

La Reine Mab ou la Fée des songes.

Scherzo.

ORCHESTRE SEUL.

V.

DEUXIÈME PROLOGUE. — PETIT CHŒUR.

Récitatif harmonique.

Plus de bal maintenant, — plus de scènes d'amour !
La fête de la mort commence.
Chez le vieux Capulet, le deuil règne à son tour.
Juliette !.. elle est morte ! — Et la foule en démence
S'interroge. — Écoutez ! — Ses sœurs, en ce moment,
Blanches, à travers les ténèbres,
En murmurant des cantiques funèbres,
S'en vont déposer saintement
La jeune trépassée en son froid monument.

—

Roméo que personne encore
Dans l'exil n'a pu prévenir,
Croit morte celle qu'il adore ;
Rien ne peut plus le retenir :
Il vole à Vérone, il pénètre
Dans le sombre tombeau qui dévora son cœur,
Et, sur le sein glacé dont vivait tout son être,
Il boit la mortelle liqueur !..
Juliette s'éveille !
Elle parle !... ô merveille !
Oublieux de sa propre mort,
Roméo, comme dans un rêve,
Pousse un cri délirant, cri d'extase d'abord,
Qu'aussitôt l'agonie achève ! !...
Et Juliette au cœur se frappe sans remord.

—

Un bruit vague et fatal remplit la ville entière.
La foule accourt au cimetière,

Appelant : Juliette! appelant : Roméo!
Les deux familles ennemies,
Dans les mêmes fureurs si longtemps affermies,
D'un saint moine, devant ce lugubre tableau,
Entendent la parole austère,
Et sur les corps, objets d'amour et de douleurs,
Abjurent, en ses mains, la haine héréditaire
Qui fit verser, hélas! tant de sang et de pleurs.

FIN DU DEUXIÈME CHOEUR-PROLOGUE.

Convoi funèbre de Juliette.

CHOEUR ET ORCHESTRE.

Marche fuguée, *instrumentale* d'abord, avec une psalmodie sur une
seule note dans les voix; *vocale* ensuite, avec la psalmodie dans
l'orchestre.

—

CHOEUR DES CAPULETS *pendant la marche funèbre.*

Des fleurs! jetez des fleurs sur la vierge expirée!...
Suivez jusqu'au tombeau notre sœur adorée!...

VI.

Roméo au tombeau des Capulets.

Invocation. — Réveil de Juliette. Elan de joie délirante, brisé par les
premières atteintes du poison. — Dernières angoisses et mort des deux
amans.

ORCHESTRE SEUL.

—

VII.

FINAL

CHANTÉ PAR TOUTES LES VOIX DES GRANDS CHOEURS ET DU PETIT CHOEUR
ET LE PÈRE LAURENCE.

CHOEUR DES MONTAGUS.	**CHOEUR DES CAPULETS.**
Quoi! Roméo de retour! Roméo!	Quoi! Roméo de retour! Roméo!
Pour Juliette il s'enferme au tombeau	Des Montagus ont brisé le tombeau
Des Capulets que sa famille abhorre!	De Juliette expirée à l'aurore!
Ah! malédiction sur eux!	Ah! malédiction sur eux!
Roméo(*bis*), ciel! morts tous les deux!	Juliette (*bis*), ciel! morts tous deux!
Et leur sang fume encore!	Et leur sang fume encore!
Ah! quel mystère affreux!	Ah! quel mystère affreux!

LE PÈRE LAURENCE :

Je vais dévoiler le mystère :
Ce cadavre, c'était l'époux
De Juliette ! — Voyez-vous
Ce corps étendu sur la terre ?
C'était la femme hélas ! de Roméo ! — C'est moi
Qui les ai mariés !

LES DEUX CHOEURS :

Mariés !

LE PÈRE LAURENCE :

Oui, je doi
L'avouer. — J'y voyais le gage salutaire
D'une amitié future entre vos deux maisons....

LES DEUX CHOEURS ;

Amis des { Capulets / Montagus } Nous !... nous les maudissons !

LE PÈRE LAURENCE.

Récit mesuré.

Mais vous avez repris la guerre de famille !..
Le jour où cet hymen en secret fut béni
Vit Tybalt expirant et Roméo banni.
(*Au vieux Capulet.*)
C'était Roméo seul que pleurait votre fille ;
Et dans l'aveuglement qui frappait vos esprits,
    Vous la forciez, malheureux père,
    D'épouser le comte Pâris !
C'est alors qu'elle vint me trouver : « Je n'espère
» Qu'en vous, me cria-t-elle, il me faut un moyen
» De fuir cet autre hymen... ou bien
» Je me tue à vos pieds ! » — Dans ce péril extrême,
Je lui fis prendre, afin de conjurer le sort,
    Un breuvage qui, le soir même,
Lui prêta la pâleur et le froid de la mort.
J'écrivis aussitôt à son époux fidèle
De rompre son exil pour venir là, près d'elle,
A l'heure où renaîtrait sa vie avec l'amour,
Et l'arracher, tremblante, à sa tombe d'un jour.
Quelque hasard retint mon message en sa route,
Et je venais, tout seul, ici la secourir.....
Mais Roméo, trompé par mille bruits sans doute,
    M'avait devancé pour mourir
    Sur le corps de sa bien-aimée ;
Et, presque à son réveil, Juliette informée
De cette mort qu'il porte en son sein dévasté,
Du fer de Roméo s'était contre elle armée
    Et passait dans l'éternité
Quand j'ai paru ! — Voilà toute la vérité.

LES VIEILLARDS CAPULETS ET MONTAGUS (*avec consternation*).

Mariés ! ! !

LE PÈRE LAURENCE.

AIR.

Pauvres enfans que je pleure,
Tombés ensemble avant l'heure ;
Sur votre sombre demeure
Viendra pleurer l'avenir !
Grande par vous dans l'histoire,
Vérone un jour sans y croire,
Aura sa peine et sa gloire
Dans votre seul souvenir !

Où sont-ils maintenant ces ennemis farouches ?
Capulets ! Montagus ! venez, voyez, touchez.....
La haine dans vos cœurs, l'injure dans vos bouches,
De ces pâles amans, barbares, approchez !

Dieu vous punit dans vos tendresses,
Ses châtimens, ses foudres vengeresses
Ont le secret de nos terreurs !
Entendez-vous sa voix qui tonne :
« Pour que là haut ma vengeance pardonne
» Oubliez vos propres fureurs. »

CHOEUR DES CAPULETS, *montrant les Montagus* :

Mais notre sang rougit leur glaive !

CHOEUR DES MONTAGUS, *montrant les Capulets* :

Le nôtre aussi contre eux s'élève !

LES CAPULETS :

Ils ont tué Tybalt....

LES MONTAGUS :

Qui tua Mercutio ?

LES CAPULETS :

Et Pâris donc ?

LES MONTAGUS :

Et Benvolio ?

LES CAPULETS :

Perfides ! point de paix !

LES MONTAGUS :

Non, lâches, point de trève !

TOUS :

Non, non, non, non !

LE PÈRE LAURENCE, *avec indignation :*

Silence ! malheureux ! pouvez-vous sans remords,
Devant un tel amour étaler tant de haine !
Faut-il que votre rage en ces lieux se déchaîne,
Rallumée aux flambeaux des morts !

Avec une force croissante :

Grand Dieu, qui vois au fond de l'ame,
Tu sais si mes vœux étaient purs !
Grand Dieu, d'un rayon de ta flamme,
Touche ces cœurs sombres et durs !
Et que ton souffle tutélaire,
A ma voix sur eux se levant,
Chasse et dissipe leur colère,
Comme la paille au gré du vent !

FIN DE L'AIR.

PENDANT LA DERNIÈRE PARTIE DE L'AIR.

CHOEUR DES MONTAGUS.	CHOEUR DES CAPULETS.
O Juliette, douce fleur,	O Roméo, jeune astre éteint,
Dans ces momens suprêmes	Dans ces momens suprêmes
Les Montagus sont prêts eux-mêmes	Les Capulets sont prêts eux-mêmes
A s'attendrir sur ton malheur.	A s'attendrir sur ton destin.

LES DEUX CHOEURS, *après l'air :*

Dieu ! quel prodige étrange !
Plus d'horreur ! plus de fiel !
Mais…. des larmes du ciel !
Toute notre ame change !

LE PÈRE LAURENCE, *leur présentant un crucifix :*

Jurez donc, par l'auguste symbole,
Sur le corps de la fille et sur le corps du fils,
Par ce bois douloureux qui console ;
Jurez tous, jurez tous par le saint crucifix,
De sceller entre vous une chaîne éternelle
De tendre charité, d'amitié fraternelle ;
Et Dieu, qui tient en main le futur jugement,
Au livre du pardon inscrira ce serment !

SERMENT DE RÉCONCILIATION.

LES DEUX CHOEURS, CAPULETS ET MONTAGUS :

Nous jurons, par l'auguste symbole,
Sur le corps de la fille et sur le corps du fils,
Par ce bois douloureux qui console ;
Nous jurons, nous jurons par le saint crucifix,
De sceller entre nous une chaîne éternelle
De tendre charité, d'amitié fraternelle ;
Et Dieu, qui tient en main le futur jugement
Au livre du pardon inscrira ce serment !

Les Montagus seuls *aux Capulets :*

Et nous voulons par notre hommage,
Vous rendre Juliette encor :
Nous élèverons son image,
Toute brillante d'or !

Les Capulets seuls *aux Montagus :*

Ah ! que son Roméo fidèle,
Dans l'or aussi revive aux yeux ;
Rayonnant toujours auprès d'elle,
Comme il rayonne aux cieux.

Les deux choeurs, *Montagus et Capulets.*	Le troisième choeur-prologue, *avec le père Laurence.*
Nous jurons par l'auguste symbole, Etc., etc.	Vous jurez par l'auguste symbole, Etc., etc.

Les vieillards seuls :

Allons ! frères !
Fêtons leurs noces funéraires !
Sur la tombe où vivront leurs amours,
Jurons-nous d'être amis pour toujours !

Les Capulets aux Montagus, *avec un peu d'hésitation :*

Amis !...

Le père Laurence :

Le ciel attend !

Les Montagus aux Capulets, *en hésitant aussi :*

Amis !...

Le père Laurence :

Dieu vous entend !

Les trois choeurs unis :

Amis pour toujours ! !

FIN

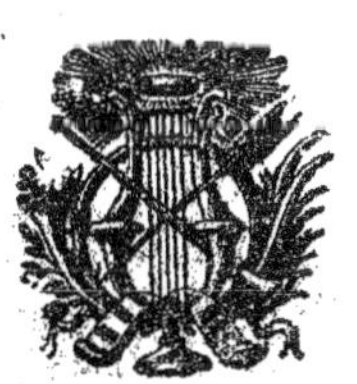

www.ingramcontent.com/pod-product-compliance
Lightning Source LLC
LaVergne TN
LVHW020436060726

842525LV00006B/2412